Træningstips 4:

Balance, koordination og udstrækning

Af Peter Schmidt

Træningstips 4: Balance, koordination og udstrækning

Copyright © 2018 Peter Schmidt
All rights reserved
Forlag: BoD – Books on Demand, København, Danmark
Tryk: BoD – Books on Demand, Norderstedt, Tyskland
Bogen er skrevet med Palatino Linotype
1. udgave, 1. version

ISBN: 9 78874 3002994

Indledning

Lad det være sagt med det samme: Jeg er rundet af håndbolden… Jeg har været håndboldtræner i snart 30 år med enkelte pauser undervejs og jeg har i løbet af de sidste 10 år skrevet fem bøger om håndboldtræning, primært med fokus på træningsøvelser. I alt er det blevet til 2.513 øvelser fordelt på 2.068 sider… Bogprojektet startede tilbage i 2007 med en tanke om, en irritation over, at jeg ikke synes, at jeg på daværende tidspunkt kunne finde litteratur med praktiske øvelser til min håndboldtræning. Masser af teori, ja. Gode kurser fra håndboldforbundet, ja. Men ikke meget, jeg kunne relatere mig til hjemme i hallen, når teori skulle omsættes til praktik. En god ven og trænerkollega sagde til mig, at så måtte jeg jo selv skrive om det… Det gjorde jeg. Og resten er, som man siger, historie.

Nu skal dette ikke handle om mig som håndboldtræner eller være et reklameindspark for mine tidligere bøger. Nej, jeg nævner det kun fordi, at dette hæfte er født ud af de nævnte håndboldbøger. Bøgerne indeholder ret meget håndboldspecifik træning – i sagens natur – men også en del af mere generel karakter. Almen grundtræning er jo fælles for meget sport.

Derfor er dette hæfte et langt stykke hen ad vejen et ekstrakt af de balance-, koordinations- og udstrækningsøvelser, der har været medtaget i de fem håndboldtipsbøger. Jeg har medtaget dem, der er mest almene; nogen nænsomt skrevet om. Men helt skjule at jeg har rod i håndboldverdenen, det kan jeg nok ikke. Det håber jeg, at du som læser kan abstrahere fra.

Øvelserne i dette hæfte er som sagt – forhåbentligt – af "tværsportslig" karakter til almen anvendelse indenfor flere sportsgrene, idrætsundervisning og lignende. For nemheds skyld er "de udøvende personer" dog omtalt som spillere. Uagtet at det lige så godt kunne være elever, atleter, kursister m.m. Og den, der leder aktiviteten, er omtalt som "træner", selv om det med rette kunne være instruktør, underviser, lærer m.m. Jeg undskylder på forhånd.

Hensigten har været, at indholdet skal fungere som inspirationskilde. Hæftet, ja hele serien "Træningstips", er tænkt som opslagsværk, hvor der kan findes en lang række forskellige øvelser, spil m.m. du kan anvende, som de er beskrevet, eller du kan lave dine egne modifikationer ud fra, så de passer bedre til din målgruppe eller det, du ønsker at få ud af træningen. Det er op til dig, som træner/instruktør/underviser at foretage denne tilretning… jeg har bare forsøgt at give dig inspiration til at sætte dine egne tanker i gang. Der findes absolut ingen facitliste, intet "rigtigt" eller "forkert".

Antal gentagelser, repetitioner, tider m.m. under en given øvelse skal blot tages som vejledende. Det er i sidste ende dig – og kun dig – som træner eller instruktør, der bedst kan vurdere den målgruppe, du arbejder med. Ved en del af øvelserne har jeg slet ikke angivet tid, respektive repetitioner af samme grund. Vejledende oplysninger kan være irrelevante. Det giver for eksempel ikke mening at skrive, at en given øvelse *skal* gennemføres 25 gange – punktum og udråbstegn – hvis der arbejdes med en gruppe, der helt tydeligt ikke kan. Der er forskel på veltrænede seniorer og børn.

Ved parøvelser, hvor flere arbejder sammen, men ikke nødvendigvis samtidig (de skiftes), har jeg ikke altid skrevet, at man skal huske at bytte. Det ligger selvsagt implicit i øvelsens karakter, håber jeg.

Ligeledes er indlagt som forudsætning, at spillerne skal have en rimelig ens fysik (højde, vægt, fysisk formåen).

"Kært barn har mange navne" lyder en gammel talemåde. Sådan er det også med mange af de programmer og øvelser, jeg har medtaget i denne bog. Som udgangspunkt har jeg valgt at medtage dem under det navn, jeg kender dem. Eller slet og ret givet dem et nummer, hvis det

er mere hensigtsmæssigt. Jeg erkender min skyldighed og beder om til-
givelse på forhånd. Der kan derfor være stor sandsynlighed for, at du
måske kender en eller flere øvelser under andre navne. Det er ikke nød-
vendigvis en faktuel fejl.

Jeg håber, at du kan finde noget brugbart i hæftet. Jeg har i al beskeden-
hed gjort mit bedste.

God fornøjelse!

Tjæreby, august 2018
Peter

Indhold

Balance

Balanceøvelse – 1

Organisering:
Spilleren skal stå helt stille 30 sekunder på ét ben – hver deløvelse gennemføres stående på både højre og venstre ben, inden næste deløvelse påbegyndes. Det gælder om ikke at miste balancen på standbenet.

Forløb:

- Spilleren står med åbne øjne med armene hængende ned langs siden
- Spilleren står med lukkede øjne med armene hængende ned langs siden
- Spilleren står med åbne øjne med armene korslagt foran brystet
- Spilleren står med lukkede øjne med armene korslagt foran brystet
- Spilleren står med åbne øjne med armene strakt ud til siden
- Spilleren står med lukkede øjne med armene strakt ud til siden

Balanceøvelse – 2

Organisering:
Spilleren skal stå 30 sekunder på ét ben, med samtidig knæbøjning (spilleren går ned i hugsiddende og op igen) – hver deløvelse gennemføres stående på både højre og venstre ben, inden næste deløvelse påbegyndes. Det gælder om ikke at miste balancen på standbenet.

Forløb:

- Spilleren skal have åbne øjne og armene hængende ned langs siden
- Spilleren skal have lukkede øjne og armene hængende ned langs siden
- Spilleren skal have åbne øjne og armene korslagt foran brystet
- Spilleren skal have lukkede øjne og armene korslagt foran brystet
- Spilleren skal have åbne øjne og armene strakt ud til siden
- Spilleren skal have lukkede øjne og armene strakt ud til siden

Balanceøvelse – 3 – siv i vinden

Forløb:
Spilleren skal stå med samlede ben og forestille sig, at hun er et siv der svajer i vinden – forover, bagover, til siden og så videre. Spilleren skal hele tiden udfordre sit balancepunkt, dvs. svaje lige præcis så langt ud, at hun ikke flytter benene.

Øvelsen gennemføres 30 sekunder med åbne øjne og 30 sekunder med lukkede øjne.

Variation:
Gennemfør samme stående på henholdsvis venstre og højre ben.

Balanceøvelse – 4

Organisering:
Spilleren skal stå helt stille med samlede ben. Efter hver deløvelse skal spilleren finde den totale balance uden at træde til siden eller lignende.

Forløb:

- Spilleren hopper med halv vending i luften med åbne øjne og armene hængende ned langs siden
- Spilleren hopper med halv vending i luften med åbne øjne og korslagte arme foran brystet
- Spilleren hopper med halv vending i luften med lukkede øjne og armene hængende ned langs siden
- Spilleren hopper med halv vending i luften med lukkede øjne og korslagte arme foran brystet
- Spilleren hopper med halv vending i luften med åbne øjne og armene strakt ud til siden
- Spilleren hopper med halv vending i luften med lukkede øjne og armene strakt ud til siden
- Spilleren hopper med hel vending i luften med åbne øjne og armene hængende ned langs siden
- Spilleren hopper med hel vending i luften med åbne øjne og korslagte arme foran brystet
- Spilleren hopper med hel vending i luften med lukkede øjne og armene hængende ned langs siden
- Spilleren hopper med hel vending i luften med lukkede øjne og korslagte arme foran brystet
- Spilleren hopper med hel vending i luften med åbne øjne og armene strakt ud til siden
- Spilleren hopper med hel vending i luften med lukkede øjne og armene strakt ud til siden

Balanceøvelse – 5 – på stor pilatesbold

Organisering:
Hver spiller skal bruge en stor pilatesbold, der passer i størrelse til spilleren:
- 55 cm til personer under 155 cm
- 65 cm til personer under 175 cm

- 75 cm til personer over 175 cm

Hvis der ikke er en bold til hver spiller, kan de eventuelt arbejde sammen i par eller små hold. Blot ikke for mange af hensyn til ventetid.

Forløb:
Spilleren sidder på pilatesbolden og skal forsøge at holde balancen. Alle øvelser behøves ikke gennemført, der kan vælges et passende antal, blot man er opmærksom på, at en del høre sammen 2 og 2 (venstre fod i gulvet, højre arm strakt og højre fod i gulvet, venstre arm strakt eksempelvis).

1. Med højre fod i gulvet og venstre arm strakt lodret over hovedet
2. Med venstre fod i gulvet og højre arm strakt lodret over hovedet
3. Med højre fod i gulvet og venstre arm strakt vandret lige ud til siden
4. Med venstre fod i gulvet og højre arm strakt vandret lige ud til siden
5. Med højre fod i gulvet og venstre arm strakt vandret ud foran kroppen
6. Med venstre fod i gulvet og højre arm strakt vandret ud foran kroppen
7. Med højre fod i gulvet og begge arme strakt lodret over hovedet
8. Med venstre fod i gulvet og begge arme strakt lodret over hovedet
9. Med højre fod i gulvet og begge arme strakt vandret lige ud til siden
10. Med venstre fod i gulvet og begge arme strakt vandret lige ud til siden
11. Med højre fod i gulvet og begge arme strakt vandret ud foran kroppen

12. Med venstre fod i gulvet og begge arme strakt vandret ud foran kroppen
13. Øvelse 1-12 men med det andet ben strakt lige ud (det vil sige, hvis højre fod er i gulvet, strækkes venstre ben ligeud)
14. Øvelse 1-13, men med lukkede øjne.

Balanceøvelse – 6 – hop med samlede ben

Organisering:
Øvelserne udføres bedst på en rullemåtte i en hal, men kan også udføres på et almindeligt halgulv eller udendørs på græsplæne, der ikke er for hård. Hvis øvelserne udføres på en måtte eller blød græsplæne, skal spillerne tage skoene (og gerne strømperne) af. Hvis øvelserne udføres på halgulv uden måtte eller hård græsplæne, er det en fordel for spillerne at beholde skoene på.

Spillerne arbejder sammen i par.

Forløb:

1. Hop opad med samlede ben – find balancen – makkeren skubber
Hop opad med samlede ben – brug gerne armene for at komme så højt op som muligt – land med samlede ben og find så hurtigt som muligt den fulde balance (gå gerne lidt ned i knæ i landingen). Makkeren skubber blidt til den hoppende, således at hun bliver slået lidt ud af kurs og det bliver sværere at finde balancen hurtigt. Gentages 5 gange.

2. Hop opad med samlede ben – find balancen – med halv vending – makkeren skubber
Hop opad med samlede ben – brug gerne armene for at komme så højt op som muligt – lav halv vending i hoppet og land med samlede ben og find så hurtigt som muligt den fulde balance (gå gerne lidt ned i knæ i landingen). Makkeren skubber blidt til den hoppende, således at hun

bliver slået lidt ud af kurs og det bliver sværere at finde balancen hurtigt. Gentages 5 gange.

3. *Hop opad med samlede ben – find balancen – med hel vending – makkeren skubber*
Hop opad med samlede ben – brug gerne armene for at komme så højt op som muligt – lav hel vending i hoppet og land med samlede ben og find så hurtigt som muligt den fulde balance (gå gerne lidt ned i knæ i landingen). Makkeren skubber blidt til den hoppende, således at hun bliver slået lidt ud af kurs og det bliver sværere at finde balancen hurtigt. Gentages 5 gange.

Balanceøvelse – 7 – hop på et ben

Organisering:
Øvelserne udføres bedst på en rullemåtte i en hal, men kan også udføres på et almindeligt halgulv eller udendørs på græsplæne, der ikke er for hård. Hvis øvelserne udføres på en måtte eller blød græsplæne, skal spillerne tage skoene (og gerne strømperne) af. Hvis øvelserne udføres på halgulv uden måtte eller hård græsplæne, er det en fordel for spillerne at beholde skoene på.

Spillerne arbejder sammen i par.

Forløb:

1. *Hop opad på et ben – find balancen – makkeren skubber*
Hop opad på venstre ben – brug gerne armene for at komme så højt op som muligt – land på samme ben og find så hurtigt som muligt den fulde balance (gå gerne lidt ned i knæ i landingen). Makkeren skubber blidt til den hoppende, således at hun bliver slået lidt ud af kurs og det bliver sværere at finde balancen hurtigt. Gentages 4 gange. Herefter 4 gange med hop/landing på højre ben.

2. Hop opad på et ben – find balancen – med halv vending – makkeren skubber
Hop opad på venstre ben – brug gerne armene for at komme så højt op som muligt – lav halv vending i hoppet og land på venstre ben og find så hurtigt som muligt den fulde balance (gå gerne lidt ned i knæ i landingen). Makkeren skubber blidt til den hoppende, således at hun bliver slået lidt ud af kurs og det bliver sværere at finde balancen hurtigt. Gentages 4 gange. Herefter 4 gange med hop/landing på højre ben.

3. Hop opad på et ben – find balancen – med hel vending – makkeren skubber
Hop opad på venstre ben – brug gerne armene for at komme så højt op som muligt – lav hel vending i hoppet og land på venstre ben og find så hurtigt som muligt den fulde balance (gå gerne lidt ned i knæ i landingen). Makkeren skubber blidt til den hoppende, således at hun bliver slået lidt ud af kurs og det bliver sværere at finde balancen hurtigt. Gentages 4 gange. Herefter 4 gange med hop/landing på højre ben.

4. Hop opad på et ben – find balancen – skiftevis – makkeren skubber
Hop opad på venstre ben – brug gerne armene for at komme så højt op som muligt – land på højre ben og find så hurtigt som muligt den fulde balance (gå gerne lidt ned i knæ i landingen). Hop derefter på højre og så videre. Makkeren skubber blidt til den hoppende, således at hun bliver slået lidt ud af kurs og det bliver sværere at finde balancen hurtigt. Gentages 6 gange.

5. Hop opad på et ben – find balancen – med halv vending – skiftevis – makkeren skubber
Hop opad på venstre ben – brug gerne armene for at komme så højt op som muligt – lav halv vending i hoppet og land på højre ben og find så hurtigt som muligt den fulde balance (gå gerne lidt ned i knæ i landingen). Hop derefter på højre og så videre. Makkeren skubber blidt til den hoppende, således at hun bliver slået lidt ud af kurs og det bliver sværere at finde balancen hurtigt. Gentages 6 gange.

6. Hop opad på et ben – find balancen – med hel vending – skiftevis – makkeren skubber

Hop opad på venstre ben – brug gerne armene for at komme så højt op som muligt – lav hel vending i hoppet og land på højre ben og find så hurtigt som muligt den fulde balance (gå gerne lidt ned i knæ i landingen). Hop derefter på højre og så videre. Makkeren skubber blidt til den hoppende, således at hun bliver slået lidt ud af kurs og det bliver sværere at finde balancen hurtigt. Gentages 6 gange.

Balanceøvelse – 8

Organisering:
Hver spiller skal bruge 2 bolde. Spillerne skal arbejde sammen i par.

Forløb:

- Spillerne står overfor hinanden i let bredstående med armene løftet, så underarmen er vandret, overarmen holdes i en 90 graders vinkel på underarm. Spillerne holder deres bolde mod hinanden og skal forsøge at presse den anden til at flytte fødderne. Boldene er eneste kontaktpunkt mellem de 2 spillere. Armene må kun bevæges marginalt; det er presset, der skal flytte den anden spiller
- Spillerne står overfor hinanden i let bredstående med den ene arm løftet, så underarmen er vandret, overarmen holdes i en 90 graders vinkel på underarm. Den anden holdes i hoftehøjde. Spillerne holder deres bolde mod hinanden og skal forsøge at presse den anden til at flytte fødderne. Boldene er eneste kontaktpunkt mellem de 2 spillere. Husk at skifte så begge arme holdes nede respektive oppe. Armene må kun bevæges marginalt
- Spillerne står overfor hinanden i let bredstående med armene løftet, så underarmen er vandret, overarmen holdes i en 90 graders vinkel på underarm. Spillerne holder deres

bolde mod hinanden og skal forsøge at presse den anden til at flytte fødderne. Boldene er eneste kontaktpunkt mellem de 2 spillere. Armene må frit bevæges synkront op og ned, samtidig med at der presses

- Spillerne står overfor hinanden i let bredstående med den ene arm løftet, så underarmen er vandret, overarmen holdes i en 90 graders vinkel på underarm. Den anden holdes i hof-tehøjde. Spillerne holder deres bolde mod hinanden og skal forsøge at presse den anden til at flytte fødderne. Boldene er eneste kontaktpunkt mellem de 2 spillere. Armene må frit bevæges asynkront op og ned, samtidig med at der presses.

Balanceøvelse – 9

Organisering:
Øvelserne udføres bedst på en rullemåtte i en hal, men kan også udfø-res på et almindeligt halgulv eller udendørs på græsplæne, der ikke er for hård. Hvis øvelserne udføres på en måtte, skal spillerne tage skoene (og gerne strømperne) af. Hvis øvelserne udføres på halgulv uden måtte eller hård græsplæne, er det en fordel for spillerne at beholde skoene på.

Forløb:

- Stå på tæer i 30 sekunder (find den totale balance)
- Stå på tæer i 30 sekunder (find den totale balance) med luk-kede øjne.
- Stå på tæer i 30 sekunder (find den totale balance) med luk-kede øjne. Drej hovedet langsomt fra side til side
- Stå på tæer, gå langsomt ned i knæ (tæl til ti) og langsomt op igen. Gennemføres 30 sekunder
- Stå på tæer og hop fra side til side i 30 sekunder
- Stå på tæer og hop fra side til side i 30 sekunder med lukkede øjne

Balanceøvelse – 10

Organisering:
Øvelserne udføres bedst på en rullemåtte i en hal, men kan også udføres på et almindeligt halgulv eller udendørs på græsplæne, der ikke er for hård. Hvis øvelserne udføres på en måtte, skal spillerne tage skoene (og gerne strømperne) af. Hvis øvelserne udføres på halgulv uden måtte eller hård græsplæne, er det en fordel for spillerne at beholde skoene på.

Forløb:

- Stå på venstre ben i 30 sekunder (find den totale balance – ingen bevægelse på standbenet). Skift herefter ben og stå på samme måde på højre ben
- Stå på venstre ben i 30 sekunder (find den totale balance – ingen bevægelse på standbenet) med lukkede øjne. Skift herefter ben og stå på samme måde på højre ben
- Stå på venstre ben i 30 sekunder (find den totale balance – ingen bevægelse på standbenet) med lukkede øjne. Drej hovedet langsomt fra side til side. Skift herefter ben og stå på samme måde på højre ben

Koordination

Koordinationsøvelse – 1 – boldøvelser med koordinationselement

Organisering:
Spillerne skal bruge en bold hver. De starter på linje og skal arbejde mellem 5-20 meter fremad, afhængig af niveau.

Ved hver deløvelse triller spillerne deres bold fremad, løber efter den og gør som beskrevet under de nedenstående punkter. Når bolden er stoppet, skal den samles op, og spillerne løber retur, klar til en ny omgang.

Forløb:

- Spilleren løber frem og stopper bolden med indersiden af foden
- Spilleren løber frem og stopper bolden med knæet
- Spilleren hopper på samlede ben fremad og stopper bolden ved at hoppe om foran den
- Spilleren hinker fremad på venstre fod og stopper bolden med hinkebenet
- Spilleren hinker fremad på højre fod og stopper bolden med hinkebenet
- Spilleren hinker i zigzag fremad på venstre fod og stopper bolden med højre fod
- Spilleren hinker i zigzag fremad på højre fod og stopper bolden med venstre fod
- Spilleren løber frem og stopper bolden med bagdelen
- Spilleren løber frem og stopper bolden med maven
- Spilleren løber frem og stopper bolden med panden
- Spilleren løber frem og stopper bolden med venstre skulder
- Spilleren løber frem og stopper bolden med højre skulder

- Spilleren hopper fremad med let spredte ben og stopper bolden ved at "sætte sig på den"
- Spilleren hopper baglæns ud til bolden med let spredte ben og stopper bolden ved at "sætte sig på den"
- Spilleren kravler frem (på hænder og fødder, ikke på knæene) og stopper bolden med panden

Koordinationsøvelse – 2 – koordinationsøvelse med fysisk element

Organisering:
Spillerne tager opstilling på linje. Ved hver deløvelse skal der løbes cirka 20 meter frem og tilbage.

Forløb:

- Spilleren jogger fremad, armene holdes strakte ud fra kroppen og bevæges op og ned i en symmetrisk bevægelse
- Spilleren jogger fremad, armene holdes med en vinkel på 90 grader i albuerne og bevæges op og ned i en symmetrisk bevægelse
- Spilleren jogger fremad, armene holdes strakte ud fra kroppen og bevæges op og ned i en asymmetrisk bevægelse
- Spilleren jogger fremad, armene holdes med en vinkel på 90 grader i albuerne og bevæges op og ned i en asymmetrisk bevægelse
- Spilleren jogger fremad, armene holdes strakte ud fra kroppen og der vinkes med store, overdrevne bevægelser
- Spilleren jogger fremad, armene holdes strakt ud foran kroppen og der stødes symmetrisk frem og tilbage
- Spilleren jogger fremad, armene holdes strakt ud foran kroppen og der stødes asymmetrisk frem og tilbage
- Spilleren jogger fremad, armene holdes oppe og krydses foran ansigtet frem og tilbage (som 2 modsatrettede vinduesviskere)

- Spilleren jogger fremad, venstre arm holdes nedad, højre
  arm opad med en vinkel på 90 grader i albuen, der stødes 3
  gange op, henholdsvis ned, hvorefter der skiftes og så videre

Variation:
- Punkterne gentages med den ændring, at der i stedet for at jogges
  fremad, løbes sideløb (skift "side" når der vendes).
- Punkterne gentages; spillerne skal holde en bold i hver hånd un-
  der udførelsen.

Koordinationsøvelse – 3

Organisering:
Øvelserne udføres bedst på en rullemåtte i en hal, men kan også udfø-
res på et almindeligt halgulv eller udendørs på græsplæne, der ikke er
for hård. Spillerne skal smide sko og strømper under øvelsen og udføre
de enkelte delelementer med bare tæer.

Forløb:

- Spilleren går almindeligt fremad med fødderne vendt indad.
- Spilleren går almindeligt fremad med fødderne vendt udad
  ("som Chaplin")
- Spilleren går 4 skridt fremad med fødderne vendt indad,
  derefter 4 skridt fremad med fødderne vendt udad og så vi-
  dere
- Spilleren går fremad på indersiden af foden
- Spilleren går fremad på ydersiden af foden
- Spilleren går 4 skridt fremad på indersiden af foden, derefter
  4 skridt fremad på ydersiden af foden og så videre
- Spilleren går almindeligt fremad på tæer
- Spilleren går almindeligt fremad på tæer med armene strakt
  over hovedet

- Spilleren går almindeligt fremad på tæer med armene strakt over hovedet med lukkede øjne
- Spilleren går almindeligt fremad på tæer ca. 4 skridt med armene strakt over hovedet, dernæst ca. 4 skridt i hugsiddende med armene slæbende efter sig

Koordinationsøvelse – 4

Organisering:
Øvelserne udføres bedst på en rullemåtte i en hal, men kan også udføres på et almindeligt halgulv eller udendørs på græsplæne, der ikke er for hård. Hvis øvelserne udføres på en måtte eller blød græsplæne, skal spillerne tage skoene (og gerne strømperne) af. Hvis øvelserne udføres på halgulv uden måtte eller hård græsplæne, er det en fordel for spillerne at beholde skoene på.

Forløb:

- Spilleren hopper med let spredte ben; der hoppes svagt op og fremad uden mellemhop
- Spilleren hopper med let spredte ben; der hoppes svagt op og baglæns uden mellemhop
- Spilleren hopper med let spredte ben; der hoppes svagt op og fremad uden mellemhop med lukkede øjne
- Spilleren hopper med let spredte ben; der hoppes svagt op og baglæns uden mellemhop med lukkede øjne
- Spilleren hopper med let spredte ben; der hoppes overdrevent hop – armene tages med for at "trække" opad i hoppet – fremad uden mellemhop
- Spilleren hopper med let spredte ben; der hoppes overdrevent hop – armene tages med for at "trække" opad i hoppet – baglæns uden mellemhop

- Spilleren hopper med let spredte ben; der hoppes svagt op og fremad uden mellemhop. På hvert tredje hop trækkes benene op under kroppen (knæene skal pege fremad) og armene løftes op til vandret
- Spilleren hopper med let spredte ben; der hoppes svagt op og baglæns uden mellemhop. På hvert tredje hop trækkes benene op under kroppen (knæene skal pege fremad) og armene løftes op til vandret

Koordinationsøvelse – 5

Organisering:
Øvelserne udføres bedst på en rullemåtte i en hal, men kan også udføres på et almindeligt halgulv eller udendørs på græsplæne, der ikke er for hård. Hvis øvelserne udføres på en måtte eller blød græsplæne, skal spillerne tage skoene (og gerne strømperne) af. Hvis øvelserne udføres på halgulv uden måtte eller hård græsplæne, er det en fordel for spillerne at beholde skoene på.

Forløb:

- Spilleren skal bevæge sig fremad i fuld fart håndliggende (på alle fire – hænder og fødder, ikke knæ)
- Spilleren skal bevæge sig baglæns i fuld fart håndliggende
- Spilleren skal bevæge sig fremad i fuld fart håndliggende med lukkede øjne

Koordinationsøvelse – 6

Organisering:
Øvelserne udføres bedst på en rullemåtte i en hal, men kan også udføres på et almindeligt halgulv eller udendørs på græsplæne, der ikke er for hård. Hvis øvelserne udføres på en måtte eller blød græsplæne, skal spillerne tage skoene (og gerne strømperne) af. Hvis øvelserne udføres

på halgulv uden måtte eller hård græsplæne, er det en fordel for spillerne at beholde skoene på.

Forløb:

- Spilleren hinker fremad på venstre fod, mens højre hånd holdes i gulvet. Venstre hånd holdes på ryggen og højre ben strakt bagud
- Spilleren hinker fremad på højre fod, mens venstre hånd holdes i gulvet. Højre hånd holdes på ryggen og venstre ben strakt bagud
- Spilleren hinker fremad på venstre fod, mens højre hånd holdes i gulvet. Venstre arm holdes strakt fremad og højre ben strakt bagud
- Spilleren hinker fremad på højre fod, mens venstre hånd holdes i gulvet. Højre arm holdes strakt fremad og venstre ben strakt bagud
- Spilleren hopper opad på venstre ben (kun svagt fremad – mere fokus på op end fremad), lander på højre ben, hopper opad på højre ben (kun svagt fremad), lander på venstre ben og så videre
- Spilleren hopper opad på venstre ben (kun svagt baglæns – mere fokus på op end baglæns), lander på højre ben, hopper opad på højre ben (kun svagt baglæns), lander på venstre ben og så videre

Koordinationsøvelse – 7

Organisering:
Øvelserne udføres bedst på en rullemåtte i en hal, men kan også udføres på et almindeligt halgulv eller udendørs på græsplæne, der ikke er for hård. Spillerne skal smide sko og strømper under øvelsen og udføre de enkelte delelementer med bare tæer.

Forløb:

1. *"Larvegang"*
Spilleren starter håndliggende (stående på hænder og fødder), og skal med små skridt – uden af løfte fødder eller hænder fra måtten – flytte fødderne op til hænderne, hvorefter spilleren med hænderne kravler så langt frem som muligt uden at miste balancen, hvorefter fødderne igen flyttes op til hænderne og så videre.

2. *"Sælgang"*
Spilleren starter liggende på maven og skal trække sig fremad i armene uden at bruge benene (der "hænger" bagude).

3. *"Linedans"*
Spilleren går fremad som om hun går på line; højre fod sættes i gulvet, venstre fod sættes "hæl mod tå" og så videre. Armene skal være strakt ud til siden (som for at holde balancen på en line).

Koordinationsøvelse – 8

Organisering:
Øvelserne udføres bedst på en rullemåtte i en hal, men kan også udføres på et almindeligt halgulv eller udendørs på græsplæne, der ikke er for hård. Hvis øvelserne udføres på en måtte eller blød græsplæne, skal spillerne tage skoene (og gerne strømperne) af. Hvis øvelserne udføres på halgulv uden måtte eller hård græsplæne, er det en fordel for spillerne at beholde skoene på.

Forløb:

- Spilleren går fremad, mens hun skiftevis klapper venstre fod med højre hånd og højre fod med venstre hånd foran sig
- Spilleren går fremad, mens hun skiftevis klapper venstre fod med højre hånd og højre fod med venstre hånd bag sig

- Spilleren går fremad, mens hun skiftevis klapper venstre fod med højre hånd foran sig og højre fod med venstre hånd bag sig
- Spilleren går fremad, mens hun skiftevis klapper venstre fod med højre hånd bag sig og højre fod med venstre hånd foran sig
- Spilleren går fremad, mens hun skiftevis klapper venstre fod med venstre hånd og højre fod med højre hånd foran sig
- Spilleren går fremad, mens hun skiftevis klapper venstre fod med venstre hånd og højre fod med højre hånd bag sig
- Spilleren går fremad, mens hun skiftevis klapper venstre fod med venstre hånd foran sig og højre fod med højre hånd bag sig
- Spilleren går fremad, mens hun skiftevis klapper venstre fod med venstre hånd bag sig og højre fod med højre hånd foran sig

Koordinationsøvelse – 9

Organisering:
Øvelserne udføres bedst på en rullemåtte i en hal, men kan også udføres på et almindeligt halgulv eller udendørs på græsplæne, der ikke er for hård. Hvis øvelserne udføres på en måtte eller blød græsplæne, skal spillerne tage skoene (og gerne strømperne) af. Hvis øvelserne udføres på halgulv uden måtte eller hård græsplæne, er det en fordel for spillerne at beholde skoene på.

Forløb:

- Spilleren hopper fremad med små hop med samlede ben
- Spilleren hopper baglæns med små hop med samlede ben
- Spilleren hopper fremad med små hop med samlede ben; armene løftes op for hvert andet hop

- Spilleren hopper baglæns med små hop med samlede ben; armene løftes op for hvert andet hop
- Spilleren hopper "sprællemandshop" fremad, med klap over hovedet for hvert andet hop
- Spilleren hopper "sprællemandshop" baglæns, med klap over hovedet for hvert andet hop
- Spilleren hopper fremad med små hop med samlede ben, for hvert tredje hop trækkes benene op, så hun "sparker" sig selv i bagdelen
- Spilleren hopper baglæns med små hop med samlede ben, for hvert tredje hop trækkes benene op, så hun "sparker" sig selv i bagdelen
- Spilleren hopper fremad med små hop med samlede ben, for hvert tredje hop hopper hun ud i sprællemand
- Spilleren hopper baglæns med små hop med samlede ben, for hvert tredje hop hopper hun ud i sprællemand
- Spilleren hopper fremad med små hop med samlede ben, undervejs trækker hun benene op under sig og "sparker" sig selv i bagdelen, respektive hopper ud i sprællemand således: 2 små hop – hop med "spark" – 2 små hop – et "sprælle-mandshop" – 2 små hop og så videre
- Spilleren hopper baglæns med små hop med samlede ben, undervejs trækker hun benene op under sig og "sparker" sig selv i bagdelen, respektive hopper ud i sprællemand således: 2 små hop – hop med "spark" – 2 små hop – et "sprælle-mandshop" – 2 små hop og så videre
- Spilleren hopper 3 små hop fremad med samlede ben, hvorefter hun hopper så højt som muligt opad, hopper 3 små hop fremad igen, hopper så højt som muligt opad og så videre
- Spilleren hopper 3 små hop baglæns med samlede ben, hvorefter hun hopper så højt som muligt opad, hopper 3 små hop fremad igen, hopper så højt som muligt opad og så vi-dere

- Spilleren hopper 3 små hop fremad med samlede ben, hvorefter hun hopper opad med halv skrue, fortsætter med 3 små hop baglæns, hopper opad med halv skrue og så videre
- Spilleren hopper 2 små hop fremad med samlede ben, hvorefter hun hopper opad med hel skrue, fortsætter med 2 små hop fremad, hopper opad med hel skrue og så videre
- Spilleren hopper 2 små hop baglæns med samlede ben, hvorefter hun hopper opad med hel skrue, fortsætter med 2 små hop baglæns, hopper opad med hel skrue og så videre
- Spilleren hopper 2 små hop fremad med samlede ben, hopper hvor hun trækker benene op under sig og "sparker" sig selv i bagdelen, hopper 2 små hop fremad, springer i "sprællemand" og umiddelbart derefter hopper opad med halv skrue, hopper 2 små hop baglæns, springer i "sprællemand", og umiddelbart derefter hopper opad med halv skrue, og hopper derefter med små hop til slut

Koordinationsøvelse – 10

Organisering:
Øvelserne udføres bedst på en rullemåtte i en hal, men kan også udføres på et almindeligt halgulv eller udendørs på græsplæne, der ikke er for hård. Hvis øvelserne udføres på en måtte, skal spillerne tage skoene (og gerne strømperne) af. Hvis øvelserne udføres på halgulv uden måtte eller hård græsplæne, er det en fordel for spillerne at beholde skoene på.

Forløb:

- Hop opad med samlede ben – brug gerne armene for at komme så højt op som muligt – land med samlede ben og find så hurtigt som muligt den fulde balance (gå gerne lidt ned i knæ i landingen). Gentages 5 gange

- Hop opad med samlede ben – brug gerne armene for at komme så højt op som muligt – lav halv vending i hoppet og land med samlede ben og find så hurtigt som muligt den fulde balance (gå gerne lidt ned i knæ i landingen). Gentages 5 gange
- Hop opad med samlede ben – brug gerne armene for at komme så højt op som muligt – lav hel vending i hoppet og land med samlede ben og find så hurtigt som muligt den fulde balance (gå gerne lidt ned i knæ i landingen). Gentages 5 gange
- Hop opad på venstre ben – brug gerne armene for at komme så højt op som muligt – land på samme ben og find så hurtigt som muligt den fulde balance (gå gerne lidt ned i knæ i landingen). Gentages 4 gange. Herefter 4 gange med hop/landing på højre ben
- Hop opad på venstre ben – brug gerne armene for at komme så højt op som muligt – lav halv vending i hoppet og land med på venstre ben og find så hurtigt som muligt den fulde balance (gå gerne lidt ned i knæ i landingen). Gentages 4 gange. Herefter 4 gange med hop/landing på højre ben
- Hop opad på venstre ben – brug gerne armene for at komme så højt op som muligt – lav hel vending i hoppet og land på venstre ben og find så hurtigt som muligt den fulde balance (gå gerne lidt ned i knæ i landingen). Gentages 4 gange. Herefter 4 gange med hop/landing på højre ben
- Hop opad på venstre ben – brug gerne armene for at komme så højt op som muligt – land på højre ben og find så hurtigt som muligt den fulde balance (gå gerne lidt ned i knæ i landingen). Hop derefter på højre og så videre. Gentages 6 gange
- Hop opad på venstre ben – brug gerne armene for at komme så højt op som muligt – lav halv vending i hoppet og land på højre ben og find så hurtigt som muligt den fulde balance (gå gerne lidt ned i knæ i landingen). Hop derefter på højre og så videre. Gentages 6 gange

- Hop opad på venstre ben – brug gerne armene for at komme så højt op som muligt – lav hel vending i hoppet og land på højre ben og find så hurtigt som muligt den fulde balance (gå gerne lidt ned i knæ i landingen). Hop derefter på højre og så videre. Gentages 6 gange

Koordinationsøvelse – 11

Organisering:
Øvelserne udføres bedst på en rullemåtte i en hal, men kan også udføres på et almindeligt halgulv eller udendørs på græsplæne, der ikke er for hård. Hvis øvelserne udføres på en måtte, skal spillerne tage skoene (og gerne strømperne) af. Hvis øvelserne udføres på halgulv uden måtte eller hård græsplæne, er det en fordel for spillerne at beholde skoene på.

Forløb:

- Lig på ryggen med rund ryg – knæene trækkes op til brystet. Hold på underbenene og vip frem og tilbage "på den runde ryg". Der arbejdes 30 sekunder
- Lig på ryggen med rund ryg – knæene trækkes op til brystet. Hold armene ud til siden og vip frem og tilbage "på den runde ryg". Der arbejdes 30 sekunder
- Lig på ryggen med rund ryg – knæene trækkes op til brystet. Hold på underbenene og vip frem og tilbage "på den runde ryg". For hvert andet vip strækkes skiftevis højre og venstre ben til lodret. (vip-vip stræk venstre-vip-vip stræk højre-vip og så videre.). Der arbejdes 30 sekunder
- Lig på ryggen med rund ryg – knæene trækkes op til brystet. Hold på underbenene og vip frem og tilbage "på den runde ryg". Ved fjerde vip "fortsættes" den fremadrettede vipbevægelse til stående. Der arbejdes 30 sekunder

Koordinationsøvelse – 12

Organisering:
Øvelserne udføres bedst på en rullemåtte i en hal, men kan også udføres på et almindeligt halgulv eller udendørs på græsplæne, der ikke er for hård. Hvis øvelserne udføres på en måtte, skal spillerne tage skoene (og gerne strømperne) af. Hvis øvelserne udføres på halgulv uden måtte eller hård græsplæne, er det en fordel for spillerne at beholde skoene på.

Forløb:

- Stå på venstre ben, gå langsomt ned i knæ på standbenet (tæl til ti) og langsomt op igen. Gennemføres 30 sekunder. Skift herefter ben og udfør øvelsen på samme måde på højre ben
- Hop på venstre ben fra side til side i 30 sekunder. Skift herefter ben og hop på samme måde på højre ben
- Hop på venstre ben fra side til side i 30 sekunder med lukkede øjne. Skift herefter ben og hop på samme måde på højre ben

Koordinationsøvelse – 13

Organisering:
Øvelserne udføres bedst på en rullemåtte i en hal, men kan også udføres på et almindeligt halgulv eller udendørs på græsplæne, der ikke er for hård. Spillerne skal smide sko og strømper under øvelsen og udføre de enkelte delelementer med bare tæer.

Forløb:

- Start stående med fødderne vendt udad (tæer peger "ud til siden" væk fra kroppen). Gå langsomt fremad

- Start stående med fødderne vendt indad (tæer peger mod hinanden). Gå langsomt fremad
- Start stående med fødderne vendt udad (tæer peger "ud til siden" væk fra kroppen). Gå langsomt fremad skiftevis med fødderne pegende udad og indad - vend fødderne så tæerne peger mod hinanden (uden at løfte hælene fra gulvet) - og så videre
- Start stående, med ryggen til måtten, med fødderne vendt udad (tæer peger "ud til siden" væk fra kroppen). Gå langsomt baglæns skiftevis med fødderne pegende udad og indad - vend fødderne så tæerne peger mod hinanden (uden at løfte hælene fra gulvet) - og så videre
- Start stående med fødderne vendt udad (tæer peger "ud til siden" væk fra kroppen). Gå langsomt fremad 4 skridt, vend fødderne så tæerne peger mod hinanden (uden at løfte hælene fra gulvet) og gå langsomt 4 skridt fremad igen. Vend fødderne udad igen og gå langsomt 4 skridt fremad - og så videre
- Start stående, med ryggen til måtten, med fødderne vendt udad (tæer peger "ud til siden" væk fra kroppen). Gå langsomt baglæns 4 skridt, vend fødderne så tæerne peger mod hinanden (uden at løfte hælene fra gulvet) og gå langsomt 4 skridt baglæns igen. Vend fødderne udad igen og gå langsomt 4 skridt baglæns - og så videre

Koordinationsøvelse – 14

Organisering:
Øvelserne udføres bedst på en rullemåtte i en hal, men kan også udføres på et almindeligt halgulv eller udendørs på græsplæne, der ikke er for hård. Spillerne skal smide sko og strømper under øvelsen og udføre de enkelte delelementer med bare tæer.

Forløb:

- Start stående på ydersiden af fødderne. Gå langsomt fremad
- Start stående på indersiden af fødderne. Gå langsomt fremad
- Start stående på ydersiden af fødderne. Gå langsomt fremad skiftevis på ydersiden og indersiden af fødderne
- Start stående på ydersiden af fødderne. Gå langsomt 4 skridt fremad på ydersiden og derefter 4 skridt på indersiden af fødderne – og så videre.
- Start stående, med ryggen til måtten, på ydersiden af fødderne. Gå langsomt 4 skridt baglæns på ydersiden og derefter 4 skridt på indersiden af fødderne – og så videre

Koordinationsøvelse – 15

Organisering:
Øvelserne udføres bedst på en rullemåtte i en hal, men kan også udføres på et almindeligt halgulv eller udendørs på græsplæne, der ikke er for hård Spillerne skal smide sko og strømper under øvelsen og udføre de enkelte delelementer med bare tæer.

Forløb:

- Gå fremad på tæerne
- Gå fremad på tæerne med armene strakt over hovedet
- Gå fremad på hælene
- Gå fremad på hælene med armene strakt over hovedet
- Gå baglæns på tæerne
- Gå baglæns på tæerne med armene strakt over hovedet
- Gå baglæns på hælene
- Gå baglæns på hælene med armene strakt over hovedet
- Gå 4 skridt fremad på tæerne og 4 skridt på hælene

- Gå 4 skridt fremad på tæerne og 4 skridt på hælene med armene strakt over hovedet
- Gå 4 skridt baglæns på tæerne og 4 skridt på hælene
- Gå 4 skridt baglæns på tæerne og 4 skridt på hælene med armene strakt over hovedet

Koordinationsøvelse – 16

Organisering:
Øvelserne udføres bedst på en rullemåtte i en hal, men kan også udføres på et almindeligt halgulv eller udendørs på græsplæne, der ikke er for hård. Hvis øvelserne udføres på en måtte, skal spillerne tage skoene (og gerne strømperne) af. Hvis øvelserne udføres på halgulv uden måtte eller hård græsplæne, er det en fordel for spillerne at beholde skoene på.

Forløb:

- Gå fremad så lavt som muligt
- Gå fremad så lavt som muligt med armene strakt lige ud fremad
- Gå fremad så lavt som muligt med armene strakt over hovedet
- Gå baglæns så lavt som muligt
- Gå baglæns så lavt som muligt med armene strakt lige ud fremad
- Gå baglæns så lavt som muligt med armene strakt over hovedet
- Gå fremad 4 skridt så lavt som muligt, 4 skridt så højt som muligt – og så videre
- Gå fremad 4 skridt så lavt som muligt med armene strakt lige ud fremad, 4 skridt så højt som muligt – og så videre

- Gå fremad 4 skridt så lavt som muligt med armene strakt over hovedet, 4 skridt så højt som muligt med armene strakt over hovedet – og så videre
- Gå baglæns 4 skridt så lavt som muligt, 4 skridt så højt som muligt – og så videre
- Gå baglæns 4 skridt så lavt som muligt med armene strakt lige ud fremad, 4 skridt så højt som muligt – og så videre
- Gå baglæns 4 skridt så lavt som muligt med armene strakt over hovedet, 4 skridt så højt som muligt med armene strakt over hovedet – og så videre

Koordinationsøvelse – 17

Organisering:
Øvelserne udføres bedst på en rullemåtte i en hal, men kan også udføres på et almindeligt halgulv eller udendørs på græsplæne, der ikke er for hård. Hvis øvelserne udføres på en måtte, skal spillerne tage skoene (og gerne strømperne) af. Hvis øvelserne udføres på halgulv uden måtte eller hård græsplæne, er det en fordel for spillerne at beholde skoene på.

Forløb:

- Gå fremad på alle fire med strakte fødder og arme (med flade hænder i gulvet)
- Gå baglæns på alle fire med strakte fødder og arme (med flade hænder i gulvet)

Koordinationsøvelse – 18

Organisering:
Øvelserne udføres bedst på en rullemåtte i en hal, men kan også udføres på et almindeligt halgulv eller udendørs på græsplæne, der ikke er for hård. Hvis øvelserne udføres på en måtte, skal spillerne tage skoene

(og gerne strømperne) af. Hvis øvelserne udføres på halgulv uden måtte eller hård græsplæne, er det en fordel for spillerne at beholde skoene på.

Forløb:

- Gå fremad med hælspark (hænder holdes bag ryggen)
- Gå fremad med høje knæløft (hænder holdes bag ryggen)
- Småløb fremad mens højre arm svinges – armen skal holdes strakt, det vil sige, at der ikke må bukkes i albueleddet
- Småløb fremad mens venstre arm svinges – armen skal holdes strakt, det vil sige, at der ikke må bukkes i albueleddet
- Småløb fremad mens begge arme svinges – armene skal holdes strakte, det vil sige, at der ikke må bukkes i albueleddene

Koordinationsøvelse – 19

Organisering:
Øvelserne udføres bedst på en rullemåtte i en hal, men kan også udføres på et almindeligt halgulv eller udendørs på græsplæne, der ikke er for hård. Hvis øvelserne udføres på en måtte, skal spillerne tage skoene (og gerne strømperne) af. Hvis øvelserne udføres på halgulv uden måtte eller hård græsplæne, er det en fordel for spillerne at beholde skoene på.

Forløb:

- Hop fremad med samlede ben
- Hop 4 hop fremad med samlede ben, på 5. hop laves halv vending. Hop dernæst 4 hop baglæns med samlede ben og lav halv vending på 5. hop – og så videre
- Hop 4 hop fremad med samlede ben, på 5. hop laves hel vending – hop videre med 4 hop fremad, lav hel vending på 5. hop – og så videre

- Hop 4 hop baglæns med samlede ben, på 5. hop laves hel vending – hop videre med 4 hop baglæns, lav hel vending på 5. hop – og så videre

Koordinationsøvelse – 20

Organisering:
Øvelserne udføres bedst på en rullemåtte i en hal. Spillerne skal smide sko og strømper under øvelsen og udføre de enkelte delelementer med bare tæer.

Forløb:

- Spilleren skal stående trække sig fremad hen over måtten (på tværs), ved at trække sig fremad med tæerne – begge fødder samtidigt (synkront)
- Spilleren skal stående trække sig fremad hen over måtten (på tværs), ved at trække sig fremad med tæerne – først venstre fod frem, så højre fod og så videre (asynkront)
- Stå med balance ved at støtte på henholdsvis hælen på højre fod og tæerne på venstre fod. Gå langsomt fremad, mens der skiftes: Sæt højre fods tæer i gulvet/venstre fods hæl – sæt højre fods hæl i gulvet/venstre fods tæer - sæt højre fods tæer i gulvet/venstre fods hæl – sæt højre fods hæl i gulvet/venstre fods tæer – og så videre

Koordinationsøvelse – 21

Organisering:
Øvelserne udføres bedst på en rullemåtte i en hal, men kan også udføres på et almindeligt halgulv eller udendørs på græsplæne, der ikke er for hård. Hvis øvelserne udføres på en måtte, skal spillerne tage skoene (og gerne strømperne) af. Hvis øvelserne udføres på halgulv uden

måtte eller hård græsplæne, er det en fordel for spillerne at beholde skoene på.

Forløb:

- Gå lidt ned i knæene og stå på forfoden. Hop fremad med små hurtige hop
- Gå lidt ned i knæene og stå på forfoden. Hop baglæns med små hurtige hop
- Gå lidt ned i knæene og stå på forfoden. Hop 3 hop fremad med små hurtige hop, på 4. hop hoppes til siden (sidelæns) og retur. Hop igen 3 hop fremad, 1 til siden – og så videre
- Gå lidt ned i knæene og stå på forfoden. Hop 3 hop baglæns med små hurtige hop, på 4. hop hoppes til siden (sidelæns) og retur Hop igen 3 hop baglæns, 1 til siden – og så videre
- Gå lidt ned i knæene og stå på forfoden – kig fremad, drej underkroppen (benene), så der hoppes sidelæns. Hop "fremad" med små hurtige hop
- Gå lidt ned i knæene og stå på forfoden – kig fremad, drej underkroppen (benene), så der hoppes sidelæns. Hop "baglæns" med små hurtige hop (der startes med ryggen til måtten)
- Gå lidt ned i knæene og stå på forfoden. Hop 3 hop fremad med små hurtige hop og 1 hop baglæns – og så videre
- Gå lidt ned i knæene og stå på forfoden. Hop 3 hop baglæns med små hurtige hop og 1 hop forlæns – og så videre. Start med ryggen til måtten
- Gå lidt ned i knæene og stå på forfoden. Hop sidelæns med små hurtige hop (husk parallelle fødder). Hop 1 omgang med venstre fod forrest, 1 med højre fod
- Gå lidt ned i knæene og stå på forfoden. Hop 3 hop fremad sidelæns med små hurtige hop (husk parallelle fødder) og 1 hop tilbage sidelæns. Hop 1 omgang med venstre fod forrest, 1 med højre fod

Koordinationsøvelse – 22

Organisering:
Øvelserne udføres bedst på en rullemåtte i en hal, men kan også udføres på et almindeligt halgulv eller udendørs på græsplæne, der ikke er for hård. Hvis øvelserne udføres på en måtte, skal spillerne tage skoene (og gerne strømperne) af. Hvis øvelserne udføres på halgulv uden måtte eller hård græsplæne, er det en fordel for spillerne at beholde skoene på.

Forløb:

- Forlæns rulning. Der skal tilstrækkeligt med fart på rulningen til, at man kan komme op at stå i samme bevægelse
- Baglæns rulning fra hugsiddende. Hænderne følger med rundt og hjælper med et solidt afsæt på gulvet spilleren helt rundt

Koordinationsøvelse – 23

Organisering:
Øvelserne udføres bedst på en rullemåtte i en hal, men kan også udføres på et almindeligt halgulv eller udendørs på græsplæne, der ikke er for hård. Hvis øvelserne udføres på en måtte, skal spillerne tage skoene (og gerne strømperne) af. Hvis øvelserne udføres på halgulv uden måtte eller hård græsplæne, er det en fordel for spillerne at beholde skoene på.

Forløb:

- Almindelige kolbøtter fremad
- Almindelig kolbøtte fremad og op i stående – og så videre. – (3 kolbøtter)

- Almindelig kolbøtte fremad og op i stående med klap over hovedet – og så videre. – (3 kolbøtter)
- Almindelig kolbøtte fremad og op i stående, hop højt og klap først foran kroppen, derefter bag ryggen og sluttelig foran igen, inden der landes og næste kolbøtte tages – og så videre. – (3 kolbøtter)

Koordinationsøvelse – 24

Organisering:
Øvelserne udføres bedst på en rullemåtte i en hal, men kan også udføres på et almindeligt halgulv eller udendørs på græsplæne, der ikke er for hård. Hvis øvelserne udføres på en måtte, skal spillerne tage skoene (og gerne strømperne) af. Hvis øvelserne udføres på halgulv uden måtte eller hård græsplæne, er det en fordel for spillerne at beholde skoene på.

Forløb:

- Hop fremad: På første hop trækker spilleren knæene op under sig, på andet hop springes i X med benene bagud og armene strakt opad i v-form og på tredje hop sakses med benene – og så videre
- Hop fremad: På første hop trækker spilleren knæene op under sig, på andet hop springes i X med benene bagud og armene strakt opad i v-form, på tredje hop sakses med benene og på fjerde hop springes i sprællemand – og så videre
- Hop fremad: På første hop trækker spilleren knæene op under sig, på andet hop springes i X med benene bagud og armene strakt opad i v-form, på tredje hop sakses med benene, på fjerde hop springes i sprællemand og på femte hop laves hel vending – og så videre

-   Hop fremad: På første hop trækker spilleren knæene op under sig, på andet hop springes i X med benene bagud og armene strakt opad i v-form, på tredje hop sakses med benene, på fjerde hop springes i sprællemand og på femte hop laves hel vending – og så videre.

Koordinationsøvelse – 25

Forløb:
Spilleren lægger sig på ryggen med armene strakt over hovedet og benene ligeledes strakte. Hun ruller 3 omgange uden at hænder og fødder må røre gulvet

Koordinationsøvelse – 26

Organisering:
Øvelsen udføres bedst på en rullemåtte i en hal, men kan også udføres på et almindeligt halgulv eller udendørs på græsplæne, der ikke er for hård. Hvis øvelserne udføres på en måtte eller blød græsplæne, skal spillerne tage skoene (og gerne strømperne) af. Hvis øvelsen udføres på halgulv uden måtte eller hård græsplæne, er det en fordel for spillerne at beholde skoene på.

Forløb:
Hop fremefter idet arme og ben bevæges parallelt - venstre ben tilbage, venstre arm ned/ højre ben frem, højre arm op. Øvelsen kan varieres f.eks. ved at føre armene ud fra kroppen i stedet for frem/tilbage.

Koordinationsøvelse – 27

Organisering:
Øvelserne udføres bedst på en rullemåtte i en hal, men kan også udføres på et almindeligt halgulv eller udendørs på græsplæne, der ikke er

for hård. Hvis øvelserne udføres på en måtte eller blød græsplæne, skal spillerne tage skoene (og gerne strømperne) af. Hvis øvelserne udføres på halgulv uden måtte eller hård græsplæne, er det en fordel for spillerne at beholde skoene på.

Forløb:

- Spilleren hopper fremad med "omvendt" sprællemand: Samlede ben/arme til lodret – hop i bredstående/arme ind til kroppen – og så videre
- Spilleren hopper fremad med 4 sprællemandshop – 4 "omvendte" sprællemandshop – og så videre
- Spilleren hopper baglæns med "omvendt" sprællemand: Samlede ben/arme til lodret – hop i bredstående/arme ind til kroppen – og så videre
- Spilleren hopper baglæns med 4 sprællemandshop – 4 "omvendte" sprællemandshop – og så videre
- Spilleren hopper forlæns med 4 sprællemandshop – laver halv skrue med samlede ben – hopper baglæns med 4 "omvendte" sprællemandshop – og så videre
- Spilleren hopper baglæns med 4 sprællemandshop – laver halv skrue med samlede ben – hopper forlæns med 4 "omvendte" sprællemandshop – og så videre

Koordinationsøvelse – 28

Organisering:
Øvelserne udføres bedst på en rullemåtte i en hal, men kan også udføres på et almindeligt halgulv eller udendørs på græsplæne, der ikke er for hård. Hvis øvelserne udføres på en måtte eller blød græsplæne, skal spillerne tage skoene (og gerne strømperne) af. Hvis øvelserne udføres på halgulv uden måtte eller hård græsplæne, er det en fordel for spillerne at beholde skoene på.

Forløb:

-   Spilleren tager 1 armstræk, går 4 skridt fremad på alle fire, tager 1 armstræk, tager 4 skridt fremad på alle fire igen – og så videre. Udbyg eventuelt med flere armstræk (2-5)
-   Spilleren starter med benene mod måtten, tager 1 armstræk, går 4 skridt baglæns på alle fire, tager 1 armstræk, tager 4 skridt baglæns på alle fire igen – og så videre. Udbyg eventuelt med flere armstræk (2-5)

Koordinationsøvelse – 29

Organisering:
Øvelserne udføres bedst på en rullemåtte i en hal, men kan også udføres på et almindeligt halgulv eller udendørs på græsplæne, der ikke er for hård. Hvis øvelserne udføres på en måtte eller blød græsplæne, skal spillerne tage skoene (og gerne strømperne) af. Hvis øvelserne udføres på halgulv uden måtte eller hård græsplæne, er det en fordel for spillerne at beholde skoene på.

Forløb:

-   Spilleren laver kølbøtter med venstre ben strakt ud til siden
-   Spilleren laver kolbøtter med højre ben strakt ud til siden
-   Spilleren laver kolbøtter, startende stående på venstre ben
-   Spilleren laver kolbøtter, startende stående på højre ben
-   Spilleren laver kolbøtter, startende stående med det ene ben en skidtlængde foran kroppen, det andet bagud. Start med skiftevis det højre og det venstre ben fremme

Koordinationsøvelse – 30

Organisering:
Øvelserne udføres bedst på en rullemåtte i en hal, men kan også udføres på et almindeligt halgulv eller udendørs på græsplæne, der ikke er for hård. Hvis øvelserne udføres på en måtte eller blød græsplæne, skal spillerne tage skoene (og gerne strømperne) af. Hvis øvelserne udføres på halgulv uden måtte eller hård græsplæne, er det en fordel for spillerne at beholde skoene på.

Forløb:

- Spilleren går så langt ned i knæ, som hun kan, uden at miste balancen (lår skal helst være så tæt på vandret som muligt); armene strækkes vandret ud foran kroppen. Spilleren skal hoppe fremad
- Spilleren starter med ryggen til måtten – hun går så langt ned i knæ, som hun kan, uden at miste balancen (lår skal helst være så tæt på vandret som muligt); armene strækkes vandret ud foran kroppen. Spilleren skal hoppe baglæns
- Spilleren starter med venstre side mod måtten - hun går så langt ned i knæ, som hun kan, uden at miste balancen (lår skal helst være så tæt på vandret som muligt); armene strækkes vandret ud foran kroppen. Spilleren skal hoppe sidelæns mod egen venstre side
- Spilleren starter med højre side mod måtten - hun går så langt ned i knæ, som hun kan, uden at miste balancen (lår skal helst være så tæt på vandret som muligt); armene strækkes vandret ud foran kroppen. Spilleren skal hoppe sidelæns mod egen højre side

Koordinationsøvelse – 31

Organisering:
Øvelserne udføres bedst på en rullemåtte i en hal, men kan også udføres på et almindeligt halgulv eller udendørs på græsplæne, der ikke er for hård. Hvis øvelserne udføres på en måtte eller blød græsplæne, skal spillerne tage skoene (og gerne strømperne) af. Hvis øvelserne udføres på halgulv uden måtte eller hård græsplæne, er det en fordel for spillerne at beholde skoene på.

Forløb:

- Spilleren hopper fremad med samlede ben – to mellemhop fremad – dernæst et hop, hvor knæene trækkes så langt op mod brystet som muligt – 2 mellemhop igen - og så videre. Når knæene skal trækkes op, må hun godt bruge armene til at "trække sig op" med
- Spilleren hopper fremad med samlede ben – knæene trækkes så langt op mod brystet som muligt ved hvert hop. Hun må gerne bruge armene til at "trække sig op" med

Koordinationsøvelse – 32

Organisering:
Øvelserne udføres bedst på en rullemåtte i en hal, men kan også udføres på et almindeligt halgulv eller udendørs på græsplæne, der ikke er for hård. Hvis øvelserne udføres på en måtte eller blød græsplæne, skal spillerne tage skoene (og gerne strømperne) af. Hvis øvelserne udføres på halgulv uden måtte eller hård græsplæne, er det en fordel for spillerne at beholde skoene på.

Forløb:

- Spilleren står på alle fire (husk strakte knæ), som ved armstræk. Hun skal nu hoppe opad på stedet (begge hænder og begge fødder skal slippe måtten). Gentages 5 gange
- Spilleren står på alle fire (husk strakte knæ), som ved armstræk. Hun skal nu hoppe fremad (begge hænder og begge fødder skal slippe måtten)
- Spilleren starter med fødderne mod måtten – hun står på alle fire (husk strakte knæ), som ved armstræk. Hun skal nu hoppe baglæns (begge hænder og begge fødder skal slippe måtten)
- Spilleren står på alle fire (husk strakte knæ), som ved armstræk. Hænder holdes i skulderbredde, fødder samlet. Hun skal nu springe ud i kryds – hænder ud til siden, ben spredes (begge hænder og begge fødder skal slippe måtten). Gentages 5 gange

Koordinationsøvelse – 33

Organisering:
Der skal bruges en gymnastikmåtte (rullemåtte) og en bold.

Gymnastikmåtten rulles ud på gulvet, spillerne starter på række i den ene ende, mens én starter som tilspiller og stiller sig med bolden et par meter fra den anden ende af måtten.

Forløb:
Spillerne tager efter tur 2 kølbøtter – når de har taget den sidste, springer de op til stående og modtager med det samme bolden fra tilspilleren. Bolden gribes og returneres, hvorefter spilleren løber bag i rækken igen.

Spilleren skal, straks hun er oppe at stå, kunne orientere sig om, dels hvor tilspilleren er og dels koncentrere sig om at gribe bolden.

Variation:
Der kan arbejdes med kun 1, eller med flere end 2 kolbøtter. Ligesom man kan lade tilspilleren flytte sig et par meter sidelæns (til begge sider), mens spilleren tager den sidste kolbøtte inden hun rejser sig. Derved øges kravet til spillerens orienteringsevne.

Husk at bytte tilspiller.

Koordinationsøvelse – 34

Organisering:
Der skal bruges en rebstige (eller almindelig stige) på cirka 8 meter og en bold.

Rebstigen lægges på gulvet og spillerne starter på række i den ene ende. Én spiller starter som tilspiller og stiller sig med bolden en meter fra den anden ende af stigen.

Forløb:
Spillerne hopper/stepper ned gennem rebstigen, mens bolden afleveres frem og tilbage til tilspilleren. Når enden af stigen nås, løber spilleren bag i rækken igen.

Spilleren skal kunne udføre hoppe-/stepsekvenserne uden at kigge ret meget ned – ellers kan hun ikke samtidig aflevere frem og tilbage til tilspilleren.

Husk at bytte tilspiller.

Forslag til hop/step:

- Der løbes ned over stigen med kun én fod i hver felt – start eksempelvis med højre fod i første felt, venstre i andet felt, højre i tredje felt og så videre
- Der hinkes på højre fod ned gennem felterne
- Der hinkes på venstre fod ned gennem felterne
- Der hoppes med samlede ben fra felt til felt ned gennem stigen
- Der startes med samlede ben og hoppes ud (i første felt), så der placeres en fod på hver sin side af stigen, dernæst hoppes ind i stigen igen (i andet felt), ud igen (i andet felt), ind igen (i tredje felt) og så videre
- Der startes med samlede ben og hoppes ind i første felt, derefter hoppes ud til venstre for første felt, skråt ind i andet felt, ud til venstre for andet felt, skråt ind i tredje felt – og så videre
- Der startes med samlede ben og hoppes ind i første felt, derefter hoppes ud til højre for første felt, skråt ind i andet felt, ud til højre for andet felt, skråt ind i tredje felt – og så videre
- Der hoppes med samlede ben ned gennem stigen – der hoppes/landes i hvert 2. felt. Det vil sige, der hoppes til andet felt, til fjerde felt og så videre
- Der hoppes på venstre ben ned gennem stigen – der hoppes/landes i hvert 2. felt. Det vil sige, der hoppes til andet felt, til fjerde felt og så videre
- Der hoppes på højre ben ned gennem stigen – der hoppes/landes i hvert 2. felt. Det vil sige, der hoppes til andet felt, til fjerde felt og så videre
- Der hoppes synkront fremad med begge fødder på ydersiden af hver sin side af stigen

Øvelsen gennemføres, så hver spiller kommer stigen igennem med det valgte antal hoppe-/stepsekvenser jævnfør ovenstående minimum 2, gerne flere gange.

Koordinationsøvelse – 35

Organisering:
Øvelserne udføres bedst på en rullemåtte i en hal, men kan også udføres på et almindeligt halgulv eller udendørs på græsplæne, der ikke er for hård. Hvis øvelserne udføres på en måtte eller blød græsplæne, skal spillerne tage skoene (og gerne strømperne) af. Hvis øvelserne udføres på halgulv uden måtte eller hård græsplæne, er det en fordel for spillerne at beholde skoene på.

Forløb:

- Spilleren starter med arme strakt ud fra kroppen (til siden) – spilleren står sidelæns på måtten, men højre ben "ind mod måtten". Der løbes sideløb, hvor venstre ben løftes (højt knæløft – der drejes svagt i hoften, så benet nærmest "rulles" op) – benet skal løftes, så låret er vandret
- Spilleren starter med arme strakt ud fra kroppen (til siden) – spilleren står sidelæns på måtten, men venstre ben "ind mod måtten". Der løbes sideløb, hvor højre ben løftes (højt knæløft – der drejes svagt i hoften, så benet nærmest "rulles" op) – benet skal løftes, så låret er vandret
- Spilleren starter med hænderne foldet bag nakken – spilleren står sidelæns på måtten, men højre ben "ind mod måtten". Der løbes sideløb, hvor venstre ben løftes (højt knæløft – der drejes svagt i hoften, så benet nærmest "rulles" op) – benet skal løftes, så låret er vandret
- Spilleren starter med hænderne foldet bag nakken – spilleren står sidelæns på måtten, men venstre ben "ind mod måtten". Der løbes sideløb, hvor højre ben løftes (højt knæløft – der drejes svagt i hoften, så benet nærmest "rulles" op) – benet skal løftes, så låret er vandret

Koordinationsøvelse – 36

Organisering:
Øvelserne udføres bedst på en rullemåtte i en hal, men kan også udføres på et almindeligt halgulv eller udendørs på græsplæne, der ikke er for hård. Hvis øvelserne udføres på en måtte eller blød græsplæne, skal spillerne tage skoene (og gerne strømperne) af. Hvis øvelserne udføres på halgulv uden måtte eller hård græsplæne, er det en fordel for spillerne at beholde skoene på.

Forløb:

- Spilleren starter med front mod måtten, hun har armene strakt ud til siden – hun hopper fremad med samlede ben; der skal twistes i hoften
- Spilleren starter med front mod måtten, hun har hænderne foldet bag nakken – hun hopper fremad med samlede ben; der skal twistes i hoften
- Spilleren starter med ryggen mod måtten, hun har armene strakt ud til siden – hun hopper baglæns med samlede ben; der skal twistes i hoften
- Spilleren starter med ryggen mod måtten, hun har hænderne foldet bag nakken – hun hopper baglæns med samlede ben; der skal twistes i hoften

Koordinationsøvelse – 37

Organisering:
Øvelserne udføres bedst på en rullemåtte i en hal, men kan også udføres på et almindeligt halgulv eller udendørs på græsplæne, der ikke er for hård. Hvis øvelserne udføres på en måtte eller blød græsplæne, skal spillerne tage skoene (og gerne strømperne) af. Hvis øvelserne udføres på halgulv uden måtte eller hård græsplæne eller en græsplæne, er det

en fordel for spillerne at beholde skoene på. Hvis græsset er blødt, kan man selvfølgelig også tage sko og strømper af.

Forløb:

- Spilleren starter med arme strakt ud fra kroppen (til siden) – spilleren står sidelæns på måtten, men højre ben "ind mod måtten". Der løbes med krydsløb, mens der twistes med overkroppen
- Spilleren starter med arme strakt ud fra kroppen (til siden) – spilleren står sidelæns på måtten, men venstre ben "ind mod måtten". Der løbes med krydsløb, mens der twistes med overkroppen

Koordinationsøvelse – 38

Organisering:
Øvelsen udføres bedst på en rullemåtte i en hal, men kan også udføres på et almindeligt halgulv eller udendørs på græsplæne, der ikke er for hård. Hvis øvelsen udføres på en måtte eller blød græsplæne, skal spillerne tage skoene (og gerne strømperne) af. Hvis øvelsen udføres på halgulv uden måtte eller hård græsplæne, er det en fordel for spillerne at beholde skoene på.

Forløb:
Spilleren starter med front mod måtten. Der hoppes så langt fremad som muligt, hvorefter spilleren lander på højre ben og finder den absolutte balance efter landingen (hun "fryser"). Herefter hoppes videre med afsæt på højre ben og der landes på venstre ben – igen findes den absolutte balance – og så videre. Der skal fokuseres på at hoppe langt; ikke nødvendigvis opad.

Koordinationsøvelse – 39

Organisering:
Øvelserne udføres bedst på en rullemåtte i en hal, men kan også udføres på et almindeligt halgulv eller udendørs på græsplæne, der ikke er for hård. Hvis øvelserne udføres på en måtte eller blød græsplæne, skal spillerne tage skoene (og gerne strømperne) af. Hvis øvelserne udføres på halgulv uden måtte eller hård græsplæne, er det en fordel for spillerne at beholde skoene på.

Forløb:

- Spilleren starter med front mod måtten. Armene holdes hængende bag kroppen. Der løbes fremad med hælspark. Højre fod skal røre højre hånd, venstre fod venstre hånd – og så videre
- Spilleren starter med front mod måtten. Armene holdes strakt ud til siden. Der løbes fremad med hælspark

Koordinationsøvelse – 40

Organisering:
Øvelsen udføres bedst på en rullemåtte i en hal, men kan også udføres på et almindeligt halgulv eller udendørs på græsplæne, der ikke er for hård. Hvis øvelsen udføres på en måtte eller blød græsplæne, skal spillerne tage skoene (og gerne strømperne) af. Udføres på halgulv uden måtte eller en græsplæne, er det en fordel for spillerne at beholde skoene på. Hvis græsset er blødt, kan man selvfølgelig også tage sko og strømper af.

Forløb:
Spilleren starter med front mod måtten. Armene holdes hængende ned foran kroppen. Der løbes fremad med "højre knæløft". Højre fod skal

røre højre hånd, venstre fod venstre hånd – og så videre (knæene løftes ikke til vandret, nærmere op og lidt ud til siden)

Koordinationsøvelse – 41

Organisering:
Øvelserne udføres bedst på en rullemåtte i en hal, men kan også udføres på et almindeligt halgulv eller udendørs på græsplæne, der ikke er for hård. Hvis øvelserne udføres på en måtte eller blød græsplæne eller blød græsplæne, skal spillerne tage skoene (og gerne strømperne) af. Hvis øvelserne udføres på halgulv uden måtte eller hård græsplæne, er det en fordel for spillerne at beholde skoene på.

Forløb:

- Spilleren "løber" fremad på tæerne med stive ben som i kapgang
- Spillerne "løber" fremad på tæerne med stive ben som i kapgang – med armene løftet over hovedet
- Spilleren "løber" fremad på hælene med stive ben som i kapgang
- Spillerne "løber" fremad på hælene med stive ben som i kapgang – med armene løftet over hovedet

Koordinationsøvelse – 42

Organisering:
Øvelserne udføres bedst på en rullemåtte i en hal, men kan også udføres på et almindeligt halgulv eller udendørs på græsplæne, der ikke er for hård. Hvis øvelserne udføres på en måtte eller blød græsplæne, skal spillerne tage skoene (og gerne strømperne) af. Hvis øvelserne udføres på halgulv uden måtte eller hård græsplæne, er det en fordel for spillerne at beholde skoene på.

Forløb:

- Spilleren starter med front mod måtten; armene holdes strakte ud til siden. Der hoppes fremad på højre ben, mens venstre fod for hvert andet skridt føres op til venstre hånd (med strakt ben)
- Spilleren starter med front mod måtten; armene holdes strakte ud til siden. Der hoppes fremad på venstre ben, mens højre fod for hvert andet skridt føres op til højre hånd (med strakt ben)

Koordinationsøvelse – 43

Organisering:
Spillerne arbejder sammen i par. Hvert par skal bruge 2 bolde. Spillerne fordeler sig rundt i hallen stående overfor hinanden med cirka 3-4 meters mellemrum. Den ene spiller arbejder, den anden er tilspiller.

Forløb:
Den arbejdende spiller kaster den ene bold op i luften, mens hun afleverer den anden frem og tilbage med makkeren. Man kan vælge om bolden skal kastes eller afleveres med bløde indersidespark.

Der arbejdes med at
- kaste bolden op og gribe med begge hænder
- kaste bolden op med venstre hånd, gribe med højre og returnere med højre
- kaste bolden op med højre hånd, gribe med venstre og returnere med venstre

Der arbejdes minimum 1 minut med hver deløvelse.

Man kan vælge at lade den arbejdende spiller gennemføre alle de de-løvelser, hun skal igennem, først – eller lade dem køre øvelserne skifte-vis.

Koordinationsøvelse – 44

Organisering:
Et antal spillere med hver 2 bolde. Spillerne fordeler sig rundt i hallen. Der arbejdes skiftevis med højre og venstre hånd.

Forløb:
Den ene bold kastes op i luften, mens der dribles med den anden – med samme hånd. Det vil sige den ene bold slås i gulvet, den anden kastes op i luften – kontinuerligt.

Et lille tip til at komme godt i gang: Hvis det er venstre hånd, der skal arbejde, så startes med en bold i hver hånd. Bolden i venstre slås i gul-vet, og næsten samtidig kastes bolden i højre op i luften. Nu kan man gribe med venstre, kaste igen, og ind imellem slå bolden i gulvet, lige-ledes med venstre.

Koordinationsøvelse – 45

Organisering:
Et antal spillere med hver 2 bolde. Spillerne fordeler sig rundt i hallen med god plads i mellem.

Forløb:
Spilleren jonglerer med begge bolde med én hånd. Der arbejdes 1 minut med venstre og 1 minut med højre hånd.

Byttet kan eventuelt ske uden ophold.

Koordinationsøvelse – 46 – asynkron silly walk

Forløb:
Spilleren går fremad med lange skridt, mens arme og ben bevæges asynkront:

Når venstre ben er tilbage, er højre ben fremme, mens venstre arm er strakt fremad og højre arm strakt tilbage... og så videre.

Udgangspositionen er stående på samlede ben med armene hængende ned langs siden.

Øvelsen gennemføres cirka 10 meter frem og tilbage igen.

Koordinationsøvelse – 47 – synkron silly walk

Forløb:
Spilleren går fremad med lange skridt, mens arme og ben bevæges synkront:

Når venstre ben er tilbage, er højre ben fremme, mens venstre arm er strakt tilbage og højre arm strakt frem... og så videre.

Udgangspositionen er stående på samlede ben med armene hængende ned langs siden.

Øvelsen gennemføres cirka 10 meter frem og tilbage igen.

Koordinationsøvelse – 48 – silly walk med variation – 1

Forløb:
Spilleren går fremad med lange skridt, mens arme og ben bevæges således:

Når venstre ben er tilbage, er højre ben fremme, mens venstre arm er strakt ud til siden og højre arm strakt fremad – når højre ben er tilbage, er venstre ben fremme, mens højre arm er strakt ud til siden og venstre arm strakt fremad… og så videre.

Udgangspositionen er stående på samlede ben med armene hængende ned langs siden.

Øvelsen gennemføres cirka 10 meter frem og tilbage igen.

Koordinationsøvelse – 49 – silly walk med variation – 2

Forløb:
Spilleren går fremad med lange skridt, mens arme og ben bevæges således:

Når venstre ben er tilbage, er højre ben fremme, mens venstre arm er strakt lige op i luften og højre arm strakt fremad – når højre ben er tilbage, er venstre ben fremme, mens højre arm er strakt lige op i luften og venstre arm strakt fremad… og så videre.

Udgangspositionen er stående på samlede ben med armene hængende ned langs siden.

Øvelsen gennemføres cirka 10 meter frem og tilbage igen.

Koordinationsøvelse – 50 – silly walk med variation – 3

Forløb:
Spilleren går fremad med lange skridt, mens arme og ben bevæges således:

Når venstre ben er tilbage, er højre ben fremme, mens venstre arm er strakt fremad og højre arm er strakt ud til siden – når højre ben er tilbage, er venstre ben fremme, mens venstre arm er strakt ud til siden og højre arm strakt fremad… og så videre.

Udgangspositionen er stående på samlede ben med armene hængende ned langs siden.

Øvelsen gennemføres cirka 10 meter frem og tilbage igen.

Koordinationsøvelse – 51 – silly walk med variation – 4

Forløb:
Spilleren går fremad med lange skridt, mens arme og ben bevæges således:

Når venstre ben er tilbage, er højre ben fremme, mens venstre arm er strakt fremad og højre arm strakt lige op i luften – når højre ben er tilbage, er venstre ben fremme, mens højre arm er strakt fremad og venstre arm strakt lige op i luften… og så videre.

Udgangspositionen er stående på samlede ben med armene hængende ned langs siden.

Øvelsen gennemføres cirka 10 meter frem og tilbage igen.

Udstrækning

Udstrækning er i høj grad noget individuelt.

God udstrækning

- Øger bevægelighed og smidighed
- Mindsker risikoen for skader
- Virker afslappende og forebygger i nogen grad stress (i idræt lig øger parathed, hvis der strækkes før kamp eksempelvis)
- Medvirker til at holde musklerne i gang ("holde dem unge"

Fælles for de følgende strækøvelser er, at der skal strækkes så blødt som muligt, uden at det gør ondt, hvorefter stillingen holdes et antal sekunder. Undervejs trækkes vejret roligt og rytmisk.

Gå altid langsomt ud af strækket – ingen rykvise bevægelser.

Hvor længe strækket skal holdes ved den enkelte udøver nok bedst.

Strækker man ud før træning og kamp, bør strækkene ikke holdes særligt langt, da musklerne i en kort periode efter strækket, mister en del af deres spændstighed – før træning og kamp bør hvert stræk ikke holdes over 15 sekunder.

Efter træning og kamp er det en fordel med lidt længere stræk. Som tommelfingerregel ikke under 20 sekunder og ikke over 60 sekunder.

Fælles for stræk både før og efter træning og kamp er, at de enkelte stræk fordel kan gentages efter samme pause, som strækket blev holdt i. Eksempel: Hvis strækket blev holdt i 25 sekunder, så holdes 25 sekunders pause inden der strækkes igen.

Strækøvelse – 1

Forløb:
Spilleren står med samlede ben med armene strakt over hovedet med flettede fingre. Når hun strækker opad med armene, må hun gerne gå helt op og stå på tæer.

Strækøvelse – 2

Forløb:
Spilleren står med armene strakt bagud med flettede fingre. Hun skal bukke så langt forover som muligt, samtidig med at der bøjes let ned i knæene.

Strækøvelse – 3

Forløb:
Spilleren står i let bredstående. Begge arme holdes over hovedet, bøjet i albueleddet. Spilleren tager fat med højre hånd om venstre albue og "trækker".

Strækøvelse – 4

Forløb:
Spilleren står i let bredstående. Begge arme holdes over hovedet, bøjet i albueleddet. Spilleren tager fat med venstre hånd om højre albue og "trækker".

Strækøvelse – 5

Forløb:
Spilleren står i let bredstående. Højre hånd føres over skulderen bag om ryggen, venstre hånd bag om ryggen nedefra. Spilleren skal holde sig selv i hånden bag ryggen.

Strækøvelse – 6

Forløb:
Spilleren står i let bredstående. Venstre hånd føres over skulderen bag om ryggen, højre hånd bag om ryggen nedefra. Spilleren skal holde sig selv i hånden bag ryggen.

Strækøvelse – 7

Forløb:
Spilleren sidder på gulvet, med bagdelen i gulvet og let bøjede ben. Hænderne sættes i gulvet med håndfladerne fladt bagud. Bagdelen skal skubbes så langt fremad som muligt, uden at håndfladerne slipper gulvet. Der strækkes med benene og presses ned i skuldrene.

Strækøvelse – 8

Forløb:
Spilleren står i bredstående med ret overkrop med højre arm ned langs højre ben. Venstre arm strækkes ind over hovedet mod højre og der bukkes let sidelæns i overkroppen.

Strækøvelse – 9

Forløb:
Spilleren står i bredstående med ret overkrop med venstre arm ned langs venstre ben. Højre arm strækkes ind over hovedet mod venstre, der bukkes let sidelæns i overkroppen.

Strækøvelse – 10

Forløb:
Spilleren står i bredstående. Så langt ud som muligt, med ret overkrop. Armene skal "falde lige ned" mod gulvet.

Strækøvelse – 11

Forløb:
Spilleren går fra bredstående ned i spagat med venstre ben bøjet ind under kroppen (fod under bagdelen) med ret overkrop.

Strækøvelse – 12

Forløb:
Spilleren går fra bredstående ned i spagat med højre ben bøjet ind under kroppen (fod under bagdelen) med ret overkrop.

Strækøvelse – 13

Forløb:
Spilleren sidder på gulvet med benene bøjet ind under bagdelen (hun sidder på nærmest på knæ, med fødderne pegende bagud). Spilleren "falder" så langt forover som muligt – uden at miste balancen og lægge sig ned på gulvet.

Strækøvelse – 14

Forløb:
Spilleren sidder på bagdelen med benene strakt ud foran sig i v-form. Der strækkes skiftevis lige ud (holdes x antal sekunder), ud mod venstre fod (holdes x antal sekunder) og ud mod højre fod (holdes x antal sekunder) med begge hænder. Overkroppen må ikke være krumbøjet, men skal holdes ret.

Strækøvelse – 15

Forløb:
Spilleren sidder på bagdelen med venstre ben strakt ud foran sig i v-form og højre ben bukket bagud. Der strækkes til venstre fod med højre hånd.

Strækøvelse – 16

Forløb:
Spilleren sidder på bagdelen med højre ben strakt ud foran sig i v-form og venstre ben bukket bagud. Der strækkes til højre fod med venstre hånd.

Strækøvelse – 17

Forløb:
Spilleren sidder i yogastilling (fod mod fod). Hun falder forover til underarmene hviler på gulvet.

Strækøvelse – 18

Forløb:
Spilleren sidder i yogastilling og ruller bagover. Armene strækkes ud til siden, så hun hviler på skuldrene; benene strækkes bagover til tæerne rører gulvet (over hovedet – bagdelen fri af gulvet).

Strækøvelse – 19

Forløb:
Spilleren sidder på gulvet med venstre ben bøjet ind under bagdelen, højre ben strakt ud foran sig. Begge hænder føres ud mod foden.

Strækøvelse – 20

Forløb:
Spilleren sidder på gulvet med højre ben bøjet ind under bagdelen, venstre ben strakt ud foran sig. Begge hænder føres ud mod foden.

Strækøvelse – 21

Forløb:
Spilleren sidder på gulvet med venstre ben bøjet ind under bagdelen, højre ben strakt ud foran sig. Overkroppen lænes bagover (så langt som muligt, armene bruges til at holde balancen).

Strækøvelse – 22

Forløb:
Spilleren sidder på gulvet med højre ben bøjet ind under bagdelen, venstre ben strakt ud foran sig. Overkroppen lænes bagover (så langt som muligt, armene bruges til at holde balancen).

Bryst

Forløb:
Stræk armene bagud-opad. Hold stillingen passivt ved at holde fat i noget (et net, en mur, en makker eller lignende).

Højre bagsides overarme og skuldermuskler

Forløb:
Træk højre arm om bag nakken med venstre hånd. Hold yderstillingen passivt.

Venstre bagsides overarme og skuldermuskler

Forløb:
Træk venstre arm om bag nakken med højre hånd. Hold yderstillingen passivt.

Kroppens højre side

Forløb:
Bøj langsomt i midjen i retning mod venstre med højre arm strakt over hovedet. Den venstre hånd holdes på hoften.

Kroppens venstre side

Forløb:
Bøj langsomt i midjen i retning mod højre med venstre arm strakt over hovedet. Den højre hånd holdes på hoften.

Underarmene

Forløb:
Stå i knæstående stilling. Hænderne placeres med fingrene bagud og tommelfingrene ud til siden et stykke foran knæene. Kroppen føres let bagud, så det strammer på underarmenes inderside, som vender fremad.

Bugen

Forløb:
Bøj kroppen bagover, helst op ad en makker, der støtter, eller op ad en væg.

Armene strækkes over hovedet.

Nakken og den øverste ryg

Forløb:
Lig på ryggen med let bøjede ben. Træk hovedet opad-fremad med foldede hænder bag nakken, så der mærkes en stramning i nakken og den øverste del af ryggen.

Lårets inderside

Forløb:
Sid på gulvet i yogastilling. Før hælene ind mod sædet ved at trække med hænderne omkring vristen. Bøj kroppen let frem over benene, tryk eventuelt let med albuer på knæ og hold stillingen passivt.

Læggen

Forløb:
Stå med fødderne ved siden af hinanden. Med ret krop lænes frem imod en væg eller en støttende makker. Der skal støttes mod væg/makker så langt nede, at der mærkes en stramning i læggene.

Den lange lægmuskel – venstre ben

Forløb:
Stå med den venstre fod langt bagud, hælen skal holdes i gulvet og støt med armene op ad en mur, makker eller lignende. Højre ben er bøjet foran kroppen, der støttes knapt nok på det. Venstre knæ føres bagud, så det spænder i lægmusklen.

Den lange lægmuskel – højre ben

Forløb:
Stå med den højre fod langt bagud, hælen skal holdes i gulvet og støt med armene op ad en mur, makker eller lignende. Venstre ben er bøjet foran kroppen, der støttes knapt nok på det. Højre knæ føres bagud, så det spænder i lægmusklen.

Den korte lægmuskel – venstre ben

Forløb:
Stå på venstre ben, låret skal holdes næsten lodret, underbenet bøjet en smule bagud. Hælen skal holdes i gulvet. Støt med armene op ad en mur, makker eller lignende. Højre ben er bøjet foran kroppen, det skal fungere som støtteben. Venstre knæ "trykkes" skråt nedad.

Den korte lægmuskel – højre ben

Forløb:
Stå på højre ben, låret skal holdes næsten lodret, underbenet bøjet en smule bagud. Hælen skal holdes i gulvet. Støt med armene op ad en mur, makker eller lignende. Venstre ben er bøjet foran kroppen, det skal fungere som støtteben. Højre knæ "trykkes" skråt nedad.

Lårets højre forside

Forløb:
Lig på maven og tag fat om vristen på højre ben med højre hånd. Træk benet opad-bagud, så hælen kommer så tæt på bagdelen som muligt.

Lårets venstre forside

Forløb:
Lig på maven og tag fat om vristen på venstre ben med venstre hånd. Træk benet opad-bagud, så hælen kommer så tæt på bagdelen som muligt.

Lårets forside – venstre ben

Forløb:
Stående på strakt højreben, støttende op ad en mur, makker eller lignende med højre hånd. Venstre ben bukkes bagud, der tages fat om vristen med venstre hånd og trækkes opad, så knæet føres tilbage.

Lårets forside – højre ben

Forløb:
Stående på strakt venstreben, støttende op ad en mur, makker eller lignende med venstre hånd. Højre ben bukkes bagud, der tages fat om vristen med højre hånd og trækkes opad, så knæet føres tilbage.

Lårets forside og muskler omkring lænde-hofteben

Forløb:
Sid på knæ med fødderne strakt bagud. Læn overkroppen bagud og støt med hænderne på gulvet bag kroppen. Hoften skal føres så langt opad, som det er muligt.

Lårets inderside – venstre ben

Forløb:
Stå i bredstående, med venstre ben strakt ud til siden (gerne støttende på en kant, lav plint eller lignende). Højre ben er bøjet, der støttes med højre arm på låret. Stræk nu indersiden af venstre lår ved at gå ned i knæ med højre ben.

Lårets inderside – højre ben

Forløb:
Stå i bredstående, med højre ben strakt ud til siden (gerne støttende på en kant, lav plint eller lignende). Venstre ben er bøjet, der støttes med venstre arm på låret. Stræk nu indersiden af højre lår ved at gå ned i knæ med venstre ben.

Lårets bagside

Forløb:
Bøj fremover fra stående og lad overkroppen hænge nedad; tag fat om underbenene så langt ned som muligt. Husk at holde ryggen ret

Lårets bagside – venstre ben

Forløb:
Stå med venstre ben strakt ud foran kroppen, hælen i gulvet. Gå ned i knæ på højre ben (standbenet), mens det støttes i lænden med begge hænder (albuer peger bagud).

Lårets bagside – højre ben

Forløb:
Stå med højre ben strakt ud foran kroppen, hælen i gulvet. Gå ned i knæ på venstre ben (standbenet), mens det støttes i lænden med begge hænder (albuer peger bagud).

Den dybe hoftebøjer – højre

Forløb:
Stå med den højre fod langt bagud (langskridtstående) og støt med hænderne på venstre knæ. Før hoften frem med rank overkrop og med det højre ben strakt. Det venstre knæ må ikke bøjes foran vristen.

Den dybe hoftebøjer – venstre

Forløb:
Stå med den venstre fod langt bagud (langskridtstående) og støt med hænderne på højre knæ. Før hoften frem med rank overkrop og med det venstre ben strakt. Det højre knæ må ikke bøjes foran vristen.

Den dybe rygmuskulatur

Forløb:
Stå let foroverbøjet, læn lænden mod en væg eller lignende og fold hænderne bag nakken. Bøj ryggen fremover (træk eventuelt lidt med hænderne bag nakken).

Underbenenes forside

Forløb:
Sid på knæene med hælene under bagdelen og tæerne strakt bagud. Læn kroppen svagt – meget svagt – bagover.

Bagdelen – venstre side

Forløb:
Lig på ryggen. Det højre ben bukkes og det venstre ben "lægges ind over", så foden hviler på højre knæ. Tag fat med begge hænder om bagsiden af højre ben og træk langsomt op imod brystet.

Bagdelen – højre side

Forløb:
Lig på ryggen. Det venstre ben bukkes og det højre ben "lægges ind over", så foden hviler på venstre knæ. Tag fat med begge hænder om bagsiden af venstre ben og træk langsomt op imod brystet.

Lænden

Forløb:
Lig på gulvet, bøj begge ben så langt op som muligt – så knæene "hviler" på brystet. Fat med begge hænder i knæhaserne og træk ganske langsomt knæene opad, så bagdelen slipper gulvet.